Preeti Rathi

Segurança no sistema operativo

Preeti Rathi

Segurança no sistema operativo

ScienciaScripts

Imprint

Cover image: www.ingimage.com

This book is a translation from the original published under ISBN 978-620-7-81111-3.

Publisher:
Sciencia Scripts
is a trademark of
Dodo Books Indian Ocean Ltd. and OmniScriptum S.R.L publishing group

120 High Road, East Finchley, London, N2 9ED, United Kingdom
Str. Armeneasca 28/1, office 1, Chisinau MD-2012, Republic of Moldova, Europe
Printed at: see last page
ISBN: 978-620-8-25415-5

Índice

Capítulo:1 Segurança e proteção

1.1 Autenticação e autorização

A autenticação e a autorização são dois conceitos-chave no domínio da segurança da informação e, embora sejam frequentemente utilizados como sinónimos, referem-se a processos diferentes.

Autenticação

A autenticação é o processo de verificação da identidade de um utilizador, dispositivo ou entidade. Garante que alguém ou alguma coisa é quem ou o que afirma ser. Os métodos comuns de autenticação incluem:

- **Palavras-passe:** A forma mais básica de autenticação, em que um utilizador tem de fornecer uma palavra-passe correta para obter acesso.
- **Autenticação biométrica:** Utiliza caraterísticas biológicas únicas, como impressões digitais, digitalizações de retina ou reconhecimento facial.
- **Autenticação de dois factores (2FA) / Autenticação multifactor (MFA):** Requer dois ou mais métodos de verificação, que podem incluir algo que se sabe (palavra-passe), algo que se tem (token de segurança) e algo que se é (biometria).
- **Certificados:** Os certificados digitais verificam a identidade de um utilizador ou dispositivo.
- **OAuth / OpenID:** Protocolos utilizados para permitir a autenticação dos utilizadores através de um fornecedor de serviços externo (como o Google ou o Facebook).

Autorização

A autorização, por outro lado, é o processo de determinar o que um utilizador autenticado pode fazer. Especifica os direitos de acesso e as permissões. Uma vez verificada a identidade do utilizador, o sistema tem de verificar a autorização do utilizador para garantir que este tem permissão para aceder aos recursos solicitados ou executar determinadas acções.

A autorização pode ser gerida através de vários mecanismos:

- **Listas de controlo de acesso (ACLs):** Listas que especificam que utilizadores ou processos do sistema têm acesso a objectos e que operações são permitidas em determinados objectos.

- **Controlo de acesso baseado em funções (RBAC):** As permissões são atribuídas a funções específicas e os utilizadores são depois atribuídos a essas funções. Isto simplifica a gestão das permissões.

- **Controlo de acesso baseado em atributos (ABAC):** Utiliza políticas que combinam atributos (como departamento do utilizador, hora do dia, etc.) para conceder acesso.
- **Controlo de acesso baseado em políticas:** Semelhante ao ABAC, mas centra-se em políticas mais amplas que podem incluir uma vasta gama de critérios e condições.

Diferenças entre autenticação e autorização

- **Objetivo:** A autenticação verifica quem é o utilizador, enquanto a autorização determina o que o utilizador pode fazer.
- **Sequência:** A autenticação é efectuada antes da autorização. É necessário conhecer a identidade do utilizador antes de lhe poder conceder permissões.
- **Informações utilizadas:** A autenticação utiliza as credenciais do utilizador (palavras-passe, dados biométricos), enquanto a autorização utiliza políticas e regras de acesso.

Cenário de exemplo

Considere um utilizador que tenta aceder à sua conta de correio eletrónico:

1. **Autenticação:** O utilizador inicia a sessão introduzindo o seu nome de utilizador e a sua palavra-passe. O sistema verifica estas credenciais para confirmar a identidade do utilizador.
2. **Autorização:** Uma vez autenticado, o sistema verifica o que o utilizador está autorizado a fazer (por exemplo, ler e-mails, enviar e-mails, eliminar e-mails) com base na sua função ou permissões.

A compreensão destes conceitos é fundamental para a conceção de sistemas seguros que protejam os dados sensíveis e garantam que os utilizadores têm níveis de acesso adequados.

1.2 Políticas e modelos de segurança

Políticas de segurança

As políticas de segurança são declarações formais que definem a forma como uma organização gere, protege e distribui a sua informação sensível. Fornecem diretrizes e regras para garantir que os objectivos de segurança da organização são cumpridos. As políticas de segurança abrangem normalmente uma vasta gama de tópicos, incluindo controlo de acesso, proteção de dados, resposta a incidentes e conformidade. Os principais tipos de políticas de segurança incluem:

- **Políticas de controlo de acesso:** Definir quem pode aceder a informações e recursos específicos e em que condições.
- **Políticas de proteção de dados:** Especificar a forma como os dados sensíveis devem ser tratados, armazenados e transmitidos para evitar o acesso não autorizado e as violações.
- **Políticas de resposta a incidentes:** Descreva os procedimentos para responder a incidentes de segurança, incluindo deteção, comunicação, contenção e recuperação.
- **Políticas de conformidade:** Assegurar que a organização cumpre os requisitos legais e regulamentares relacionados com a segurança da informação.

Modelos de segurança

Os modelos de segurança fornecem quadros para a implementação e gestão de políticas de segurança. São construções teóricas que representam e formalizam os requisitos e princípios de segurança. Os modelos de segurança mais comuns incluem:

1. Modelo Bell-LaPadula

- **Foco:** Confidencialidade
- **Princípio:** "Não ler, não escrever"
- **Descrição:** Este modelo impõe controlos de acesso para manter a confidencialidade das informações classificadas. Os sujeitos (utilizadores ou processos) de um determinado nível de segurança não podem ler dados de um nível de segurança superior (sem leitura) e não podem escrever dados num nível de segurança inferior (sem escrita).

2. **Modelo Biba**

- **Âmbito:** Integridade
- **Princípio:** "Sem escrita, não há leitura"
- **Descrição:** Este modelo impõe a integridade dos dados impedindo que os sujeitos modifiquem a informação a níveis de integridade mais elevados (sem escrita) e que leiam dados a níveis de integridade mais baixos (sem leitura).

3. **Modelo Clark-Wilson**

- **Âmbito:** Integridade
- **Princípio:** Transacções bem estruturadas e separação de funções
- **Descrição:** Este modelo garante a integridade dos dados através de transacções bem formadas (transformações que devem ser feitas corretamente) e da aplicação da separação de funções. Os utilizadores só podem aceder aos dados através das aplicações, garantindo que todas as operações são controladas e validadas.

4. **Modelo Brewer-Nash (modelo da muralha da China)**

- **Em foco:** Conflito de interesses
- **Princípio:** Prevenção de conflitos de interesses através do controlo do acesso com base nos dados acedidos
- **Descrição:** Este modelo é utilizado para evitar conflitos de interesses em ambientes onde os utilizadores têm acesso a informações sensíveis de entidades concorrentes. O acesso é restringido com base em dados previamente acedidos para garantir que um utilizador não possa aceder a informações contraditórias.

5. **Modelo de controlo de acesso baseado em funções (RBAC)**

- **Em foco:** Simplificar a gestão do acesso
- **Princípio:** O acesso é baseado nas funções atribuídas aos utilizadores
- **Descrição:** Este modelo atribui permissões a funções e não a indivíduos, sendo atribuídas funções aos utilizadores com base nas suas responsabilidades. Simplifica a gestão das permissões e garante que os utilizadores têm o acesso adequado com base nas suas funções.

Implementação de políticas e modelos de segurança

Para implementar eficazmente políticas e modelos de segurança, as organizações devem:

1. **Definir políticas claras:** Estabelecer políticas de segurança abrangentes que abordem todos os aspectos da segurança da informação.
2. **Escolher modelos apropriados:** Selecionar modelos de segurança que estejam de acordo com os objectivos e requisitos de segurança da organização.
3. **Aplicar políticas e modelos:** Implementar controlos técnicos, procedimentos e programas de formação para aplicar políticas e modelos de segurança.
4. **Monitorizar e rever:** Monitorizar continuamente os controlos e as políticas de segurança para verificar a sua eficácia e conformidade, e actualizá-los conforme necessário para lidar com ameaças emergentes e alterações na organização.

As políticas e modelos de segurança são fundamentais para criar uma estrutura de segurança robusta que proteja os activos de uma organização e garanta a conformidade com os requisitos regulamentares.

1.3Prevenção e deteção de intrusões

Os Sistemas de Deteção de Intrusão (IDS) e os Sistemas de Prevenção de Intrusão (IPS) são componentes essenciais da segurança da rede, concebidos para identificar e responder a potenciais ameaças. Trabalham para detetar e impedir o acesso não autorizado, a utilização indevida ou os danos nos sistemas de informação.

Sistemas de deteção de intrusão (IDS)

Os IDS são concebidos para monitorizar as actividades da rede e do sistema para detetar acções maliciosas ou violações de políticas. Podem ser classificados em dois tipos principais:

1. **IDS baseado em rede (NIDS):**
   - **Função:** Monitoriza o tráfego de rede para detetar actividades suspeitas.
   - **Colocação:** Normalmente colocados em pontos estratégicos da rede para monitorizar o tráfego de e para todos os dispositivos.
   - **Exemplos:** Snort, Bro/Zeek.

2. **IDS baseado em anfitrião (HIDS):**
   - **Função:** Monitoriza um único anfitrião (computador ou servidor) para detetar actividades suspeitas.
   - **Colocação:** Instalado em dispositivos individuais para monitorizar actividades como modificações de ficheiros, inícios de sessão e tráfego de rede nesse dispositivo.
   - **Exemplos:** OSSEC, Tripwire.

Métodos de deteção:

- **Deteção baseada em assinaturas:** Compara o tráfego de rede ou a atividade do sistema com uma base de dados de padrões de ataque conhecidos ou assinaturas. Eficaz para ameaças conhecidas, mas menos eficaz para ataques novos ou desconhecidos.
- **Deteção baseada em anomalias:** Estabelece uma linha de base de comportamento normal e assinala os desvios dessa linha de base como potenciais ameaças. Eficaz na deteção de ataques desconhecidos, mas pode gerar falsos positivos.

Sistemas de prevenção de intrusões (IPS)

Os IPS são semelhantes aos IDS, mas com a capacidade adicional de tomar medidas para evitar a ameaça detectada. Os IPS podem ser implementados como sistemas baseados na rede ou no anfitrião e funcionam bloqueando ou atenuando ativamente as ameaças em tempo real.

Tipos de IPS:

- **IPS baseado em rede (NIPS):**
   - **Função:** Monitoriza o tráfego de rede e pode tomar medidas como o bloqueio de tráfego malicioso, a eliminação de pacotes ou a reposição de ligações.
   - **Colocação:** Normalmente colocados em linha dentro da rede para intercetar e responder ativamente às ameaças.
   - **Exemplos:** Cisco Firepower, Palo Alto Networks, Suricata.

- **IPS baseado em host (HIPS):**
  - **Função:** Monitoriza e protege anfitriões individuais, interceptando e respondendo a actividades maliciosas nesse anfitrião.
  - **Colocação:** Instalado em dispositivos individuais.
  - **Exemplos:** Symantec Endpoint Protection, McAfee Host Intrusion Prevention.

IDS vs. IPS

- **Função principal:** O IDS é passivo e monitoriza potenciais ameaças, enquanto o IPS é ativo e pode evitar ameaças em tempo real.
- **Capacidade de resposta:** O IDS gera alertas para potenciais ameaças, exigindo mais acções por parte do pessoal de segurança, enquanto o IPS pode bloquear ou atenuar automaticamente as ameaças.
- **Posicionamento:** Ambos podem ser baseados na rede ou no anfitrião, mas o IPS requer normalmente uma colocação em linha para intercetar o tráfego de forma eficaz.

Implementação de IDS e IPS

1. **Planeamento da implantação:**
   - Determinar os pontos críticos da rede onde o IDS/IPS será mais eficaz.
   - Decida se pretende utilizar um sistema baseado na rede, no anfitrião ou uma combinação de ambos.
2. **Configuração e afinação:**
   - Configurar regras de deteção e assinaturas com base nas políticas de segurança da organização e no cenário de ameaças.
   - Atualizar regularmente as assinaturas e afinar os algoritmos de deteção para minimizar os falsos positivos e negativos.
3. **Acompanhamento e gestão:**
   - Monitorizar continuamente os alertas e registos IDS/IPS para identificar e responder a potenciais ameaças.
   - Integrar IDS/IPS com outras ferramentas de segurança e sistemas de resposta a incidentes para uma gestão abrangente das ameaças.

4. **Actualizações e manutenção regulares:**
   - Manter os sistemas IDS/IPS actualizados com as mais recentes assinaturas de ameaças e algoritmos de deteção.
   - Efetuar revisões e actualizações regulares para garantir que os sistemas permanecem eficazes contra a evolução das ameaças.

Benefícios e desafios

Benefícios:

- **Deteção precoce:** Ajuda a identificar potenciais ameaças antes que estas possam causar danos significativos.
- **Resposta automatizada:** O IPS pode bloquear ou atenuar automaticamente as ameaças, reduzindo o tempo de resposta.
- **Postura de segurança melhorada:** Melhora a segurança geral, fornecendo camadas adicionais de defesa.

Desafios:

- **Falsos positivos/negativos:** Equilibrar a sensibilidade para detetar ameaças verdadeiras sem gerar falsos positivos excessivos.
- **Intensivo em termos de recursos:** os IDS/IPS podem exigir recursos significativos para monitorização, análise e manutenção.
- **Configuração complexa:** Configurar e ajustar corretamente o IDS/IPS para o ambiente específico de uma organização pode ser complexo.

Os sistemas de deteção e prevenção de intrusões são componentes cruciais de uma estratégia robusta de cibersegurança, fornecendo capacidades críticas para detetar e responder a ameaças em tempo real.

1.4Práticas seguras de codificação

As práticas de codificação segura são essenciais para desenvolver software resistente a vulnerabilidades e ataques de segurança. Estas práticas envolvem seguir diretrizes e princípios para evitar erros de codificação comuns que podem levar a problemas de segurança. Eis algumas das principais práticas de codificação segura:

1. **Validação de entrada**

- **Sanitizar entradas:** Certifique-se de que todos os dados de entrada são corretamente higienizados para remover qualquer conteúdo malicioso.
- **Validar entradas:** Validar os dados de entrada em relação aos formatos, tipos e intervalos esperados antes de os processar.
- **Usar lista branca:** Prefira a lista branca de valores de entrada aceitáveis em vez da lista negra de valores maus conhecidos.

2. **Codificação de saída**

- **Escape Data:** Codifique os dados de saída para evitar ataques de injeção, tais como Cross-Site Scripting (XSS) e SQL Injection.
- **Utilizar bibliotecas seguras:** Utilize bibliotecas e estruturas que fornecem funções de codificação incorporadas.

3. **Autenticação e gestão de senhas**

- **Senhas fortes:** Imponha a utilização de palavras-passe fortes e implemente políticas de complexidade e expiração de palavras-passe.
- **Hashing:** Armazene as palavras-passe utilizando algoritmos de hashing criptográficos fortes e salgados (por exemplo, bcrypt, scrypt).
- **Autenticação multi-fator:** Implemente a autenticação multi-fator (MFA) para adicionar uma camada extra de segurança.

4. **Controlo de acesso**

- **Princípio do menor privilégio:** Assegurar que os utilizadores e os processos têm o nível mínimo de acesso necessário para executar as suas tarefas.
- **Controlo de Acesso Baseado em Funções (RBAC):** Implementar o RBAC para gerir as permissões com base nas funções do utilizador.
- **Gestão de sessões:** Gerir de forma segura as sessões de utilizador, incluindo a geração de IDs de sessão seguros e a expiração adequada das sessões.

5. **Tratamento de erros e registo**

- **Tratamento gracioso de erros:** Trate os erros de forma graciosa sem revelar informações sensíveis nas mensagens de erro.

- **Registo:** Registar eventos relevantes para a segurança, mas garantir que os registos não contêm informações sensíveis. Utilize um armazenamento seguro para os registos.
- **Monitorização:** Monitorizar regularmente os registos para detetar actividades suspeitas e potenciais incidentes de segurança.

6. Armazenamento seguro de dados

- **Encriptação:** Encriptar dados sensíveis, tanto em repouso como em trânsito, utilizando algoritmos de encriptação fortes.
- **Integridade dos dados:** Garantir a integridade dos dados utilizando somas de verificação, hashes e assinaturas digitais.
- **Controlo do acesso:** Restringir o acesso a dados sensíveis com base no princípio do menor privilégio.

7. Comunicação segura

- **Utilizar TLS/SSL:** Assegurar canais de comunicação seguros utilizando Transport Layer Security (TLS) ou Secure Sockets Layer (SSL) para os dados em trânsito.
- **Gestão de certificados:** Utilizar e gerir corretamente os certificados digitais para estabelecer confiança e comunicações seguras.

8. Qualidade e teste de código

- **Revisões de código:** Efetuar revisões regulares do código para identificar e corrigir potenciais problemas de segurança.

- **Análise estática e dinâmica:** Utilizar ferramentas de análise estática e dinâmica para detetar vulnerabilidades de segurança no código.
- **Testes de penetração:** Efetuar testes de penetração para identificar e resolver os pontos fracos da segurança.

9. Configuração segura

- **Definições predefinidas:** Evite utilizar as predefinições, que são frequentemente inseguras. Configure o software de forma segura.

- **Gestão da configuração:** Utilizar ferramentas de gestão da configuração para manter e verificar configurações seguras.
- **Separação de ambientes:** Separe os ambientes de desenvolvimento, teste e produção para minimizar o risco de exposição não intencional.

10. Componentes de terceiros

- **Gestão de dependências:** Gerir cuidadosamente e atualizar regularmente bibliotecas e componentes de terceiros para reduzir os riscos de vulnerabilidades.
- **Verificação de vulnerabilidades:** Examinar regularmente as dependências em busca de vulnerabilidades conhecidas usando ferramentas como OWASP Dependency-Check ou Snyk.

11. Documentação e formação

- **Documentação de segurança:** Documentar os requisitos, diretrizes e práticas de segurança para a equipa de desenvolvimento.
- **Formação:** Fornecer formação contínua em segurança e programas de sensibilização para os programadores, de modo a mantê-los informados sobre as últimas ameaças e técnicas de codificação seguras.

Conclusão

A implementação de práticas de codificação seguras é um aspeto fundamental do desenvolvimento de software seguro. Ao seguir estas práticas, as organizações podem reduzir o risco de vulnerabilidades de segurança e criar aplicações mais robustas e seguras. Atualizar regularmente estas práticas e manter-se informado sobre as ameaças e técnicas emergentes é crucial para manter uma postura de segurança forte.

Referências:

Livro:

1. "Operating System Concepts" de Abraham Silberschatz, Peter B. Galvin e Greg Gagne
2. "Modern Operating Systems" de Andrew S. Tanenbaum e Herbert Bos
3. "Sistemas Operativos: Three Easy Pieces" por Remzi H. Arpaci-Dusseau e Andrea C. Arpaci-Dusseau
4. "Sistemas Operativos: Internos e Princípios de Conceção" de William Stallings
5. "Linux Kernel Development" por Robert Love

Sítio Web:

1. Arquivos do kernel Linux
2. Microsoft Docs: Aspectos internos do sistema operativo Windows
3. TheOpenGroup:UNIXEspecificações
4. GNUProjecto
5. Biblioteca digital da ACM

Capítulo:2 Virtualização

2.1 Tipos de virtualização

A virtualização é uma tecnologia que permite a criação de instâncias virtuais de recursos, como servidores, dispositivos de armazenamento, redes e até sistemas operativos. Esta tecnologia é uma pedra angular da infraestrutura de TI moderna, permitindo uma melhor utilização de recursos, escalabilidade e flexibilidade. Existem vários tipos de virtualização, cada um servindo diferentes objectivos e proporcionando vários benefícios.

1. Virtualização de hardware

A virtualização de hardware, também conhecida como virtualização de servidor, é o tipo mais comum. Envolve a criação de máquinas virtuais (VMs) que são executadas num servidor físico. Cada VM funciona como se fosse uma máquina física separada, com o seu próprio sistema operativo e aplicações.

- **Virtualização baseada em hipervisor:**
  - **Hipervisor de tipo 1 (Bare Metal):** É executado diretamente no hardware físico. Os exemplos incluem VMware ESXi, Microsoft Hyper-V e Xen.
  - **Hipervisor tipo 2 (hospedado):** É executado em cima de um sistema operativo anfitrião. Os exemplos incluem VMware Workstation, Oracle VirtualBox e Parallels Desktop.

2. Virtualização do sistema operativo

A virtualização do sistema operativo permite que várias instâncias isoladas do espaço do utilizador, conhecidas como contentores, sejam executadas numa única máquina física. Os contentores partilham o kernel do SO anfitrião, mas funcionam de forma independente.

- **Containerização:** Utiliza tecnologias de contentores como o Docker, Kubernetes e LXC (Linux Containers).
- **Vantagens:** Leveza, tempos de arranque rápidos e utilização eficiente de recursos em comparação com as VMs tradicionais.

3. Virtualização de rede

A virtualização de redes envolve a criação de uma versão virtual de uma rede física, permitindo a coexistência de várias redes virtuais isoladas na mesma infraestrutura física.

- **Rede definida por software (SDN):** Separa o plano de controlo da rede do plano de dados, permitindo a gestão centralizada dos recursos da rede. Os exemplos incluem OpenFlow e Cisco ACI.
- **Virtualização de funções de rede (NFV):** Virtualiza os serviços de rede tradicionalmente executados em dispositivos de hardware (por exemplo, firewalls, balanceadores de carga).

4. Virtualização do armazenamento

A virtualização do armazenamento agrupa o armazenamento físico de vários dispositivos num único dispositivo de armazenamento virtual, que pode ser gerido a partir de uma consola central.

- **Virtualização em nível de bloco:** Abstrai o armazenamento lógico do armazenamento físico, facilitando a gestão e a atribuição de recursos. Os exemplos incluem o IBM SAN Volume Controller e o Dell EMC VPLEX.
- **Virtualização em nível de arquivo:** Abstrai a localização dos ficheiros do utilizador, simplificando a gestão e o acesso aos ficheiros em vários sistemas de armazenamento. Os exemplos incluem soluções de virtualização NAS (Network Attached Storage).

5. Virtualização do ambiente de trabalho

A virtualização do ambiente de trabalho separa o ambiente de trabalho do dispositivo físico, permitindo aos utilizadores aceder aos seus ambientes de trabalho a partir de qualquer dispositivo.

- **Infraestrutura de ambiente de trabalho virtual (VDI):** Aloja ambientes de trabalho num servidor central. Os utilizadores acedem aos seus ambientes de trabalho virtuais através de uma rede. Os exemplos incluem o VMware Horizon e o Citrix Virtual Apps and Desktops.

- **Serviços de Ambiente de Trabalho Remoto (RDS):** Permite que os utilizadores executem aplicações e ambientes de trabalho num servidor remoto, acedendo-lhes através de protocolos de ambiente de trabalho remoto. Os exemplos incluem os Serviços de Ambiente de Trabalho Remoto da Microsoft.

6. Virtualização de aplicações

A virtualização de aplicações isola as aplicações do sistema operativo subjacente, permitindo que sejam executadas num ambiente virtual.

- **Streaming de aplicações:** Fornece aplicações a pedido para os dispositivos dos utilizadores. Os exemplos incluem o Microsoft App-V e o VMware ThinApp.
- **Aplicações alojadas:** As aplicações são executadas num servidor remoto e são acedidas através de uma interface de cliente. Os exemplos incluem o Citrix XenApp.

7. Virtualização de dados

A virtualização de dados fornece uma visão unificada dos dados de fontes diferentes sem exigir que os dados sejam consolidados fisicamente.

- **Integração de dados:** Integra dados de várias fontes, tornando-os acessíveis e utilizáveis sem mover os dados. Exemplos incluem Denodo, Informática e Tibco.

8. Virtualização de memória

A virtualização da memória abstrai os recursos da memória física, permitindo uma utilização e gestão mais eficientes da memória nos sistemas.

- **Memória virtual:** Permite que um sistema operativo utilize o espaço do disco rígido como RAM adicional, expandindo a memória disponível para as aplicações.
- **Compromisso excessivo de memória:** Permite que os hipervisores atribuam mais memória às máquinas virtuais do que a que está fisicamente disponível, recorrendo a técnicas como swapping e ballooning.

Cada tipo de virtualização serve um objetivo específico e oferece vantagens distintas, tornando-as ferramentas essenciais nos ambientes de TI modernos. Ao tirar partido da virtualização, as organizações podem otimizar a utilização de recursos, melhorar a escalabilidade, aumentar a flexibilidade e reduzir os custos. Compreender os diferentes tipos de virtualização e os seus casos de utilização é crucial para conceber e gerir infra-estruturas de TI eficientes e eficazes.

2.2Hipervisores e máquinas virtuais

Hipervisores e máquinas virtuais

Os hipervisores e as máquinas virtuais (VMs) são componentes fundamentais da tecnologia de virtualização, permitindo a criação, a gestão e a operação de ambientes virtualizados. Compreender as funções e os tipos de hipervisores e VMs é essencial para aproveitar a virtualização de forma eficaz.

Hipervisores

Um hipervisor, também conhecido como monitor de máquina virtual (VMM), é um software que cria e gere máquinas virtuais, abstraindo o hardware subjacente. Permite a execução de várias VMs num único anfitrião físico, cada uma com o seu próprio sistema operativo e aplicações. Os hipervisores podem ser classificados em dois tipos principais:

Hipervisores de tipo 1 (Bare Metal)

- **Definição:** Executados diretamente no hardware físico da máquina anfitriã, sem necessidade de um sistema operativo anfitrião. Proporcionam maior desempenho e eficiência porque têm acesso direto aos recursos de hardware.
- **Exemplos:**
  - **VMware ESXi:** Um hipervisor de nível empresarial amplamente utilizado, conhecido por seus recursos e desempenho robustos.
  - **Microsoft Hyper-V:** Um hipervisor da Microsoft integrado no Windows Server, proporcionando uma forte integração com outros produtos da Microsoft.
  - **Xen:** Um hipervisor de código aberto que alimenta muitos ambientes de nuvem e suporta vários sistemas operativos.
- **KVM (Kernel-based Virtual Machine):** Um hipervisor de código aberto

incorporado no

kernel do Uinux, fornecendo virtualização eficiente para ambientes Uinux.

Hipervisores de tipo 2 (hospedados)

- **Definição:** São executados sobre um sistema operativo anfitrião, que fornece os recursos e a gestão necessários. São mais fáceis de configurar e utilizar, o que os torna adequados para ambientes de desenvolvimento, teste e não-produção.

- **Exemplos:**
  - **VMware Workstation/Fusion:** Os produtos de virtualização de desktop da VMware para Windows e macOS.
  - **Oracle VirtualBox:** Um hipervisor de código aberto que suporta vários sistemas operativos e é conhecido pela sua facilidade de utilização e versatilidade.
  - **Parallels Desktop:** Um hipervisor concebido para executar aplicações Windows em sistemas macOS.

Máquinas virtuais (VMs)

Uma máquina virtual é uma emulação de um sistema de computador físico, criada e gerida por um hipervisor. Cada VM funciona como um sistema independente com o seu próprio hardware virtual, sistema operativo e aplicações. Os principais componentes das VMs incluem:

- **CPU virtual (vCPU):** Emula uma CPU física, permitindo que a VM execute instruções.
- **Memória virtual (vRAM):** Emula a RAM física, fornecendo memória para o sistema operativo e as aplicações da VM.
- **Armazenamento virtual:** Emula dispositivos de armazenamento como discos rígidos e SSDs, armazenando os dados e ficheiros de sistema da VM.
- **Interfaces de rede virtuais:** Emular interfaces de rede, permitindo que as VMs se comuniquem entre si e com redes externas.

Benefícios da utilização de hipervisores e VMs

- **Utilização de recursos:** Os hipervisores permitem que várias VMs partilhem recursos físicos de hardware, melhorando a utilização geral dos recursos.

- **Isolamento:** Cada VM funciona de forma isolada, impedindo que problemas numa VM afectem as outras. Isto aumenta a segurança e a estabilidade.
- **Escalabilidade:** Os ambientes virtuais podem ser facilmente escalonados, adicionando ou removendo VMs conforme necessário, proporcionando flexibilidade para atender às demandas em constante mudança.
- **Eficiência de custos:** Ao consolidar várias cargas de trabalho em um único host físico, as organizações podem reduzir os custos de hardware e as despesas operacionais.
- **Gerenciamento simplificado:** Os hipervisores oferecem ferramentas de gestão centralizadas para monitorizar, gerir e aprovisionar VMs, simplificando as tarefas administrativas.

Casos de utilização

- **Desenvolvimento e teste:** Os programadores podem criar ambientes isolados para testar diferentes configurações, aplicações e sistemas operativos sem afetar o ambiente de produção.
- **Consolidação de servidores:** As organizações podem consolidar vários servidores em menos hosts físicos, reduzindo os custos de hardware, energia e refrigeração.
- **Recuperação de desastres:** As VMs podem ser copiadas e restauradas rapidamente, permitindo a recuperação eficiente de desastres e a continuidade dos negócios.
- **Computação em nuvem:** Os hipervisores são a base dos serviços de nuvem, permitindo que os fornecedores de nuvem ofereçam recursos virtualizados escaláveis e flexíveis aos utilizadores.

Os hipervisores e as máquinas virtuais são tecnologias cruciais na infraestrutura de TI moderna, proporcionando uma vasta gama de benefícios e permitindo uma utilização eficiente dos recursos, escalabilidade e flexibilidade. Ao compreender os diferentes tipos de hipervisores e a função das VMs, as organizações podem implementar e gerir eficazmente ambientes virtualizados para satisfazer as suas necessidades e objectivos específicos.

2.3Desempenho e isolamento em ambientes virtualizados

A virtualização oferece inúmeros benefícios, como melhor utilização de recursos, flexibilidade e economia de custos. No entanto, ela também apresenta desafios relacionados ao desempenho e ao isolamento. Compreender e gerir estes aspectos é crucial para manter ambientes virtualizados eficientes e seguros.

Desempenho em ambientes virtualizados

Desafios de desempenho

1. **Sobrecarga:** A virtualização introduz uma camada de abstração entre o hardware físico e as máquinas virtuais (VMs), o que pode levar a uma sobrecarga de desempenho.
2. **Contenção de recursos:** Várias VMs que partilham os mesmos recursos físicos podem competir por recursos de CPU, memória, disco e rede, levando a contenção e degradação do desempenho.
3. **Gargalos de E/S:** Os ambientes virtualizados geralmente apresentam um aumento nas operações de E/S, o que pode sobrecarregar os recursos de armazenamento e rede.

4. **Latência:** Camadas adicionais de abstração e contenção de recursos podem introduzir latência no processamento e na transferência de dados.

Técnicas de otimização do desempenho

1. **Atribuição de recursos:**
   - **Dimensionamento correto:** Atribuir recursos a VMs com base na sua utilização e requisitos reais, em vez de aprovisionamento excessivo.
   - **Pools de recursos:** Use pools de recursos para alocar uma quantidade específica de recursos a grupos deVMs, garantindo que aplicativos críticos recebam os recursos necessários.
   - **Alocação dinâmica de recursos:** Use recursos como o VMware DRS (Distributed Resource Scheduler) para equilibrar dinamicamente os recursos entre as VMs com base nas demandas atuais.
2. **HardwareAceleração:**
   - **Virtualização assistida por hardware:** Utilize recursos de hardware

como Intel VT-x ou AMD-V para reduzir a sobrecarga de virtualização.
   - **Drivers paravirtualizados:** Use drivers paravirtualizados para E/S de rede e disco para melhorar o desempenho, ignorando o hipervisor para determinadas operações.
3. **Otimização do armazenamento:**
   - **SSD e NVMe:** use soluções de armazenamento de alto desempenho, como SSDs e unidades NVMe, para reduzir os gargalos de E/S.
   - **Armazenamento em camadas:** Implementar camadas de armazenamento para mover dados frequentemente acedidos para suportes de armazenamento mais rápidos.
4. **Otimização da rede:**
   - **NIC Teaming:** Combina várias interfaces de rede para aumentar a largura de banda e fornecer redundância.
   - **Redes definidas por software (SDN):** Utilizar SDN para gerir o tráfego de rede de forma mais eficiente e reduzir a latência.
5. **Monitorização do desempenho:**
   - **Ferramentas:** Utilize ferramentas de monitorização, como o VMware vRealize Operations, o Microsoft System Center e soluções de código aberto, como o Nagios, para acompanhar as métricas de desempenho e identificar estrangulamentos.
   - **Linha de base e tendências:** Estabelecer linhas de base de desempenho e monitorizar tendências para abordar proactivamente potenciais problemas de desempenho.

Isolamento em ambientes virtualizados

Desafios do isolamento

1. **Recursos partilhados:** As VMs partilham recursos físicos, o que pode levar a potenciais problemas de segurança e desempenho se o isolamento não for gerido corretamente.
2. **Vulnerabilidades do hipervisor:** O hipervisor é um componente crítico que, se comprometido, pode afetar todas as VMs em execução no anfitrião.
3. **Ataques entre VMs:** As actividades maliciosas numa VM podem potencialmente afetar outras VMs se os mecanismos de isolamento forem fracos.

Técnicas de isolamento

1. **VMIsolação:**
   - **Segmentação forte:** Use a segmentação de rede para isolar VMs com base em sua função, sensibilidade e requisitos de segurança.
   - **Firewalls e grupos de segurança:** Implemente firewalls virtuais e grupos de segurança para controlar o tráfego entre VMs e limitar potenciais vectores de ataque.
2. **Segurança do hipervisor:**
   - **Atualizações regulares:** Manter o hipervisor e as ferramentas de gestão associadas actualizados com os patches de segurança mais recentes.
   - **Superfície de ataque mínima:** Desativar serviços e funcionalidades desnecessários no hipervisor para reduzir a superfície de ataque.
3. **Controlo de acesso:**
   - **Controlo de Acesso Baseado em Funções (RBAC):** Implementar o RBAC para garantir que apenas os utilizadores autorizados têm acesso ao hipervisor e às ferramentas de gestão.
   - **Autenticação multifactor (MFA):** Utilize a MFA para aumentar a segurança do acesso administrativo.
4. **Segurança de rede:**
   - **Isolamento de rede virtual:** Use UANs virtuais (VLANs) e redes virtuais privadas para isolar o tráfego entre diferentes VMs.
   - **Micro-segmentação:** Implemente a microssegmentação para criar políticas de segurança refinadas que controlam o tráfego entre cargas de trabalho individuais dentro de um ambiente virtualizado.
5. **Acompanhamento e auditoria:**
   - **Gestão de informações e eventos de segurança (SIEM):** Utilizar soluções SIEM para monitorizar e analisar eventos e registos de segurança do ambiente virtualizado.
   - **Auditorias regulares:** Efetuar auditorias de segurança e avaliações de vulnerabilidade regulares para identificar e resolver potenciais deficiências de isolamento.

Equilibrar o desempenho e o isolamento em ambientes virtualizados requer um planeamento cuidadoso, monitorização contínua e a implementação das melhores práticas. Ao otimizar a atribuição de recursos, tirar partido da aceleração de hardware e garantir mecanismos de isolamento fortes, as organizações podem obter os benefícios da virtualização, mantendo um elevado desempenho e segurança.

2.4Tecnologias de contentorização (Docker, Kubernetes)

A contentorização é uma forma leve de virtualização que empacota aplicações e as suas dependências em unidades isoladas chamadas contentores. Essa abordagem garante que os aplicativos sejam executados de forma consistente em diferentes ambientes, facilitando o desenvolvimento, o teste e a implantação de software. Docker e Kubernetes são duas das tecnologias mais populares no ecossistema de contentorização.

Docker

O Docker é uma plataforma de código aberto concebida para automatizar a implementação, o dimensionamento e a gestão de aplicações em contentores. Fornece uma forma simples e eficiente de criar, empacotar e executar aplicações com todas as suas dependências.

Componentes principais doDocker

1. **DockerEngine:**
   - A parte central do Docker, responsável pela criação, execução e gestão de contentores. Ela consiste em:
     - **Daemon do Docker:** É executado na máquina anfitriã e gere objectos Docker (contentores, imagens, redes, volumes).
     - **Docker CLI:** Interface de linha de comandos com a qual os utilizadores interagem para comunicar com o daemon do Docker.

     API do Docker: Permite que os programas se comuniquem com o daemon do Docker e o instruam a executar tarefas.
2. **Imagens do Docker:**
   - Modelos imutáveis que contêm o código da aplicação, o tempo de execução, as bibliotecas e os ficheiros de configuração necessários para executar a aplicação.
   - As imagens são criadas a partir de um Dockerfile, que contém instruções

sobre como criar a imagem.

3. **DockerContainers:**
   - Instâncias de tempo de execução de imagens Docker. Os contentores são leves e partilham o kernel do sistema operativo anfitrião, mas são executados em ambientes isolados.
   - Os contentores podem ser iniciados, parados, movidos e eliminados através de comandos Docker.
4. **Docker Hub:**
   - Um serviço de registo baseado na nuvem que permite aos utilizadores encontrar e partilhar imagens de contentores. O Docker Hub aloja imagens oficiais e imagens contribuídas pelos utilizadores.

Vantagens do Docker

- **Portabilidade:** Garante que as aplicações são executadas de forma consistente em diferentes ambientes, empacotando as dependências com a aplicação.
- **Isolamento:** Fornece isolamento de processos e recursos, assegurando que as aplicações são executadas nos seus próprios ambientes.
- **Eficiência:** Os contentores são leves e utilizam menos recursos em comparação com as máquinas virtuais tradicionais.
- **Escalabilidade:** Simplifica o escalonamento de aplicativos, permitindo que vários contêineres sejam executados em um único host ou em vários hosts.

Kubernetes

O Kubernetes é uma plataforma de orquestração de contentores de código aberto concebida para automatizar a implementação, o dimensionamento e a gestão de aplicações em contentores. Ele fornece recursos avançados para gerenciar aplicativos em contêineres em um ambiente em cluster.

Componentes principais doKubernetes

1. **Aglomerado:**
   - Um conjunto de nós (máquinas físicas ou virtuais) que executam aplicativos em contêineres. Um cluster do Kubernetes consiste em um nó mestre e nós de trabalho.

2. **Nó mestre:**
   - O plano de controlo responsável pela gestão do cluster Kubernetes. Os principais componentes incluem:
     - **Servidor API:** Expõe a API do Kubernetes para comunicação com o cluster.
     - **Etcd:** Um armazenamento de valores chave distribuído para armazenar dados de configuração de clusters.
     - **Gestor de Controladores:** Gere vários controladores que tratam de tarefas de rotina e asseguram o estado desejado do cluster.
     - **Agendador:** Atribui contentores a nós com base nos requisitos e restrições de recursos.
3. **Nós de trabalho:**
   - Nós que executam os aplicativos em contêineres. Cada nó de trabalho tem os seguintes componentes:
     - **Kubelet:** Um agente que comunica com o nó principal e garante que os contentores estão a funcionar como esperado.
     - **Tempo de execução do contêiner:** Software responsável pela execução de contentores (por exemplo, Docker, containerd).
     - **Kube-Proxy:** Um proxy de rede que gerencia a comunicação de rede dentro e fora do cluster.
4. **Vagens:**
   - O objeto Kubernetes mais pequeno e mais simples. Um pod representa uma única instância de um processo em execução no cluster e pode conter um ou mais contentores fortemente acoplados.
5. **ReplicaSets:**
   - Garante que um número especificado de réplicas de um pod esteja sempre em execução.
6. **Implantações:**
   - Fornece atualizações declarativas para pods e ReplicaSets, permitindo atualizações e reversões fáceis.
7. **Serviços:**
   - Um ponto de extremidade estável para aceder a um conjunto de pods, fornecendo balanceamento de carga e descoberta de serviços.

8. **Namespaces:**
    - Fornecer um mecanismo para dividir os recursos do cluster entre vários utilizadores e grupos, permitindo uma melhor gestão e isolamento dos recursos.

Benefícios do Kubernetes

- **Implantação e dimensionamento automatizados:** Automatiza a implantação e o dimensionamento de aplicativos em contêineres, garantindo alta disponibilidade e utilização eficiente de recursos.
- **Auto-cura:** Substitui e reprograma automaticamente os contentores com falhas, garantindo a estabilidade da aplicação.
- **Descoberta de serviços e balanceamento de carga:** Fornece mecanismos integrados para descoberta de serviços e balanceamento de carga, simplificando a implantação de aplicativos.
- **Abstração de infraestrutura:** Abstrai a infraestrutura subjacente, permitindo que as aplicações sejam executadas em qualquer ambiente, seja no local, na nuvem ou em ambientes híbridos.

Docker vs. Kubernetes

- **Âmbito de aplicação:**
    - **Docker:** Concentra-se na contentorização, fornecendo ferramentas para criar, implementar e gerir contentores individuais.
    - **Kubernetes:** Concentra-se na orquestração, gerindo implementações de contentores em grande escala em clusters.
- **Caso de utilização:**
    - **Docker:** Adequado para desenvolvimento, testes e ambientes de produção simples em que a gestão individual de contentores é suficiente.
    - **Kubernetes:** Adequado para ambientes de produção complexos e em grande escala que exigem recursos avançados de orquestração, dimensionamento e gerenciamento.

O Docker e o Kubernetes são ferramentas poderosas no ecossistema de contentorização, cada uma servindo objectivos distintos mas complementares. O Docker simplifica a criação e a gestão de contentores, enquanto o Kubernetes fornece capacidades de orquestração robustas para gerir aplicações contentorizadas em escala. Juntos, eles permitem que as organizações criem, implantem e gerenciem aplicativos de forma mais eficiente e consistente em vários ambientes.

Referências:

Livro:

6. "Operating System Concepts" de Abraham Silberschatz, Peter B. Galvin e Greg Gagne
7. "Modern Operating Systems" de Andrew S. Tanenbaum e Herbert Bos
8. "Sistemas Operativos: Three Easy Pieces" por Remzi H. Arpaci-Dusseau e Andrea C. Arpaci-Dusseau
9. "Sistemas Operativos: Internos e Princípios de Conceção" de William Stallings
10. "Linux Kernel Development" por Robert Love

Sítio Web:

6. Arquivos do kernel Linux
7. Microsoft Docs: Aspectos internos do sistema operativo Windows
8. O Grupo Aberto: Especificações UNIX
9. Projeto GNU
10. Biblioteca digital da ACM

Capítulo:3 Sistemas distribuídos

3.1 Arquitecturas de sistemas distribuídos

Os sistemas distribuídos são ambientes informáticos em que os componentes localizados em computadores ligados em rede comunicam e coordenam as suas acções através da passagem de mensagens. Estes sistemas visam atingir objectivos comuns, partilhar recursos e melhorar o desempenho, a fiabilidade e a escalabilidade. Existem várias arquitecturas para sistemas distribuídos, cada uma com as suas próprias caraterísticas e casos de utilização.

1. Arquitetura cliente-servidor

Descrição:

- O modelo cliente-servidor é uma estrutura de aplicação distribuída que divide as tarefas ou cargas de trabalho entre os fornecedores de serviços (servidores) e os requisitantes de serviços (clientes).
- Os clientes iniciam pedidos de serviços ou recursos e os servidores processam esses pedidos e devolvem as respostas adequadas.

Componentes:

- **Cliente:** Interface de utilizador ou aplicação que solicita serviços.
- **Servidor:** Sistema centralizado que fornece serviços ou recursos.
- **Rede:** Via de comunicação entre clientes e servidores.

Casos de utilização:

- Aplicações Web, serviços de correio eletrónico, jogos em linha.

Benefícios:

- Controlo e gestão centralizados.
- Simplifica a implementação do lado do cliente.

Desafios:

- Limitações de escalabilidade devido a estrangulamentos no servidor.

- Ponto único de falha se o servidor for abaixo.

2. Arquitetura Peer-to-Peer (P2P)

Descrição:

- Na arquitetura P2P, cada nó (par) tem responsabilidades e capacidades iguais, funcionando tanto como cliente como servidor.
- Os pares interagem diretamente uns com os outros sem necessidade de um servidor central.

Componentes:

- **Pares:** Nós na rede que partilham recursos e comunicam diretamente.
- **Rede de sobreposição:** Rede lógica construída sobre a rede física para gerir as interações entre pares.

Casos de utilização:

- Redes de partilha de ficheiros (por exemplo, BitTorrent), redes de cadeias de blocos, aplicações descentralizadas (dApps).

Benefícios:

- Elevada escalabilidade e tolerância a falhas.
- Distribuição de recursos entre pares.

Desafios:

- Complexidade na gestão e segurança de uma rede descentralizada.
- Possibilidade de distribuição desigual de recursos e problemas de desempenho.

3. Arquitetura de microsserviços

Descrição:

- A arquitetura de microsserviços estrutura uma aplicação como uma coleção de serviços de acoplamento frouxo e de implantação independente.

- Cada microsserviço é responsável por uma função comercial específica e comunica com outros através de APIs bem definidas.

Componentes:

- **Microsserviços:** Serviços pequenos e independentes com as suas próprias bases de dados e lógica.
- **Gateway de API:** Gerencia a comunicação entre clientes e microsserviços.
- **Registo de serviços:** Mantém o registo dos microsserviços disponíveis e das suas instâncias.

Casos de utilização:

- Aplicações de grande escala que requerem flexibilidade e implementação contínua (por exemplo, plataformas de comércio eletrónico, serviços em linha).

Benefícios:

- Escalabilidade e resiliência através da implantação de serviços independentes.
- Facilita a entrega e a integração contínuas.

Desafios:

- Maior complexidade na gestão da comunicação inter-serviços.
- Requer ferramentas robustas de monitorização e orquestração.

4. Arquitetura orientada para os serviços (SOA)

Descrição:

- O SOA é um padrão arquitetónico em que os serviços são fornecidos a outros componentes por componentes de aplicação através de um protocolo de comunicação numa rede.
- Os serviços são unidades discretas de funcionalidade que podem ser acedidas remotamente e de forma independente.

Componentes:

- **Serviços:** Funcionalidades comerciais reutilizáveis.
- **Consumidor do serviço:** Aplicação ou componente que utiliza o serviço.
- **Fornecedor de serviços:** Anfitrião do serviço.
- **Service Bus: Espinha** dorsal de comunicação que facilita a troca de mensagens entre serviços.

Casos de utilização:

- Integração de sistemas empresariais, aplicações comerciais complexas.

Benefícios:

- Reutilização e interoperabilidade dos serviços.
- Suporta a integração de sistemas heterogéneos.

Desafios:

- Pode tornar-se complexo e exigir infra-estruturas significativas.
- Potencial sobrecarga de desempenho devido à comunicação de serviços.

5. Arquitetura orientada para eventos

Descrição:

- Na arquitetura orientada para os eventos, os componentes comunicam através da produção, deteção e reação a eventos.
- Esta arquitetura separa os produtores de eventos dos consumidores de eventos, promovendo a comunicação assíncrona.

Componentes:

- **Produtores de eventos:** Gerar e publicar eventos.
- **Consumidores de eventos:** Subscrever e processar eventos.
- **Barramento de eventos:** Middleware que encaminha eventos dos produtores

para os consumidores.

Casos de utilização:

- Aplicações em tempo real, sistemas de monitorização, plataformas IoT.

Benefícios:

- Elevado desacoplamento e flexibilidade.
- Suporta processamento em tempo real e capacidade de resposta.

Desafios:

- Complexidade para assegurar a entrega e a encomenda de eventos.
- Requer mecanismos robustos de tratamento e processamento de eventos.

6. Bases de dados distribuídas

Descrição:

- As bases de dados distribuídas armazenam dados em várias localizações físicas. Os dados podem ser replicados ou particionados entre nós.
- Assegura a disponibilidade, fiabilidade e escalabilidade dos dados.

Componentes:

- **Nós:** Instâncias individuais de bases de dados.
- **Mecanismo de replicação:** Garante a consistência dos dados entre os nós.
- **Sistema de processamento de consultas:** Gere as consultas distribuídas e assegura a recuperação de dados a partir dos nós adequados.

Casos de utilização:

- Armazenamento de dados em grande escala, aplicações globais, sistemas de alta disponibilidade.

Benefícios:

- Maior disponibilidade de dados e tolerância a falhas.
- Escalabilidade para lidar com grandes volumes de dados e grandes cargas de consulta.

Desafios:

- Garantir a consistência e a sincronização dos dados entre os nós.
- Maior complexidade no processamento de consultas e na gestão de transacções.

7. Arquitetura da computação em nuvem

Descrição:

- A arquitetura da computação em nuvem utiliza os serviços de nuvem para fornecer recursos escaláveis e a pedido através da Internet.
- Consiste em vários modelos de serviço, como Infraestrutura como Serviço (laaS), Plataforma como Serviço (PaaS) e Software como Serviço (SaaS).

Componentes:

- **Fornecedores de nuvem:** Oferecem recursos e serviços de computação.
- **Consumidores de nuvem:** Utilizar serviços e recursos da nuvem.
- **Camada de gerenciamento:** Gerencia os recursos da nuvem, a implantação e a orquestração.

Casos de utilização:

- Aplicações de alojamento, armazenamento de dados, processamento de grandes volumes de dados, plataformas de aprendizagem automática.

Benefícios:

- Escalabilidade, flexibilidade e eficiência de custos.
- Reduz a necessidade de infra-estruturas no local.

Desafios:

- Dependência da conetividade com a Internet e da fiabilidade do fornecedor de serviços em nuvem.
- Preocupações de segurança e conformidade.

As arquitecturas de sistemas distribuídos oferecem várias formas de conceber e implementar sistemas que podem partilhar recursos, processar dados e fornecer serviços de forma eficiente em vários locais. Cada arquitetura tem os seus próprios pontos fortes e fracos, e a escolha da arquitetura depende dos requisitos, restrições e objectivos específicos da aplicação ou sistema que está a ser desenvolvido. A compreensão destas arquitecturas ajuda a tomar decisões informadas para criar sistemas distribuídos robustos, escaláveis e eficientes.

3.2Modelos de consistência e algoritmos de consenso

Nos sistemas distribuídos, os modelos de consistência e os algoritmos de consenso desempenham papéis cruciais para garantir que os dados permanecem fiáveis, precisos e sincronizados em vários nós. A compreensão destes conceitos é essencial para a conceção de sistemas que possam tratar eficazmente os dados distribuídos e manter a fiabilidade.

Modelos de coerência

Os modelos de consistência definem as regras para a forma como os dados são lidos e escritos num sistema distribuído. Determinam o comportamento do sistema quando vários nós acedem a dados partilhados em simultâneo. Diferentes modelos de consistência oferecem várias soluções de compromisso entre desempenho, disponibilidade e consistência.

1. Forte consistência

- **Descrição:** Garante que qualquer operação de leitura devolve a escrita mais recente para um determinado dado.
- **Casos de utilização:** Transacções financeiras, sistemas bancários, gestão de inventário.
- **Exemplo:** Se um utilizador atualizar o saldo da sua conta, qualquer operação de leitura subsequente reflectirá imediatamente o saldo atualizado.

2. Eventual consistência

- **Descrição:** Garante que, com tempo suficiente, todos os nós irão convergir para o mesmo valor, mas a consistência imediata não é garantida.
- **Casos de utilização:** Feeds de redes sociais, sistemas DNS, catálogos de retalho

em linha.

- **Exemplo:** Se um utilizador publicar uma atualização de estado, pode demorar algum tempo até que todos os seguidores a vejam, mas, eventualmente, todos verão a mesma atualização.

3. Consistência causal

- **Descrição:** Garante que as operações que estão relacionadas causalmente são vistas por todos os processos na mesma ordem, mas as operações que não estão relacionadas causalmente podem ser vistas em ordens diferentes.
- **Casos de utilização:** Edição colaborativa de documentos, sistemas de controlo de versões.

- **Exemplo:** Se Alice escrever *um* documento e Bob o ler antes de o editar, a consistência causal garante que a leitura de Bob e as edições subsequentes são vistas na ordem correta pelos outros utilizadores.

4. Consistência na leitura dos seus escritos

- **Descrição:** Garante que, depois de um processo efetuar uma escrita, verá o resultado dessa escrita em operações de leitura subsequentes.
- **Casos de utilização:** Definições de preferências do utilizador, actualizações de dados pessoais.
- **Exemplo:** Se um utilizador alterar a sua fotografia de perfil, verá imediatamente a fotografia actualizada no seu perfil.

5. Consistência de leitura monotónica

- **Descrição:** Garante que, se um processo ler um valor de um item de dados, qualquer leitura subsequente devolverá o mesmo valor ou um valor mais recente.
- **Casos de utilização:** Sistemas de correio eletrónico, controlo de versões de ficheiros.
- **Exemplo:** Se um utilizador ler uma mensagem de correio eletrónico, não verá versões mais antigas da mensagem nas leituras seguintes.

6. Consistência de escrita monotónica

- **Descrição:** Garante que as operações de escrita de um processo são vistas por todos na ordem em que foram emitidas.
- **Casos de utilização:** Sistemas de registo, processamento de dados ordenados.
- **Exemplo:** Se um utilizador publicar uma série de actualizações, os outros irão ver essas actualizações pela mesma ordem em que foram publicadas.

Algoritmos de consenso

Os algoritmos de consenso são protocolos que garantem que todos os nós de um sistema distribuído concordam com um único valor de dados ou curso de ação, mesmo na presença de falhas. São essenciais para manter a coerência e a coordenação em sistemas distribuídos.

1. Paxos

- **Descrição:** Uma família de protocolos concebidos para obter consenso numa rede de processadores não fiáveis.
- **Componentes:**
  - **Proponentes:** Sugerir valores a serem acordados.
  - **Aceitadores:** Votam nos valores propostos e aceitam o valor de consenso.
  - **Alunos:** Aprender o valor de consenso final.
- **Casos de utilização:** Bases de dados distribuídas, sistemas tolerantes a falhas.
- **Vantagens:** Comprovadamente tolerante a falhas e altamente fiável.
- **Desvantagens:** Complexidade de implementação e elevada sobrecarga de comunicação.

2. Jangada

- **Descrição:** Um algoritmo de consenso concebido para ser mais compreensível do que o Paxos. Divide o processo de consenso em três subproblemas: eleição do líder, replicação do registo e segurança.
- **Componentes:**
  - **Líder:** Gere a replicação de registos e as interações com os clientes.

- **Seguidores:** Replicam o registo do líder e aplicam alterações às suas máquinas de estado, o **Candidatos:** Tentam tornar-se o líder durante as eleições.

- **Casos de utilização:** Sistemas de armazenamento distribuído, máquinas de estado consistentes.
- **Vantagens:** Mais simples de implementar e compreender do que o Paxos.
- **Desvantagens:** Requer que a maioria dos nós esteja operacional, o que pode afetar a disponibilidade.

3. **Tolerância a falhas bizantinas (BFT)**

- **Descrição:** Uma classe de algoritmos de consenso que tolera falhas bizantinas, em que os nós podem falhar e comportar-se arbitrariamente (de forma maliciosa ou incorrecta).
- **Componentes:**
  - **Primário:** O nó que propõe valores.
  - **Réplicas:** Nós que concordam com o valor proposto.
- **Casos de utilização:** Sistemas de cadeia de blocos, computações multipartidárias seguras.
- **Vantagens:** Pode lidar com falhas arbitrárias, incluindo ataques maliciosos.

- **Desvantagens:** Elevada sobrecarga de comunicação e implementação complexa.

4. **Compromisso de duas fases (2PC)**

- **Descrição:** Um protocolo de consenso utilizado em bases de dados distribuídas para garantir que todos os nós de uma transação distribuída concordam em confirmar ou abortar a transação.
- **Fases:**
  - **Fase de preparação:** O coordenador pergunta a todos os participantes se podem comprometer-se.
  - **Fase de compromisso:** Se todos os participantes estiverem de acordo, o coordenador dá-lhes instruções para se comprometerem; caso contrário, dá-lhes instruções para abortarem.
- **Casos de utilização:** Bases de dados distribuídas, sistemas transaccionais.

- **Vantagens:** Simples de implementar e compreender.
- **Desvantagens:** Protocolo de bloqueio em que uma falha do coordenador pode atrasar a transação.

5. Compromisso trifásico (3PC)

- **Descrição:** Uma extensão do 2PC concebida para ser não bloqueante. Acrescenta uma fase adicional para evitar o bloqueio em caso de falha do coordenador.
- **Fases:**
    - **Fase de preparação:** Semelhante ao 2PC.
    - **Fase de pré-compromisso:** Assegura que todos os participantes estão prontos para se comprometer.
    - **Fase de compromisso:** Decisão final de confirmar ou abortar.
- **Casos de utilização:** Bases de dados distribuídas, sistemas tolerantes a falhas.
- **Vantagens:** Não bloqueia e é mais resistente do que 2PC.
- **Desvantagens:** Maior complexidade e sobrecarga de comunicação adicional.

Os modelos de consistência e os algoritmos de consenso são conceitos fundamentais nos sistemas distribuídos, permitindo operações fiáveis e coordenadas em vários nós. Ao escolherem o modelo de consistência e o algoritmo de consenso adequados, os projectistas de sistemas podem equilibrar os compromissos entre desempenho, disponibilidade e fiabilidade para satisfazerem os requisitos específicos das suas aplicações distribuídas.

3.3 Tolerância a falhas e recuperação

A tolerância a falhas e a recuperação são aspectos críticos da conceção e manutenção de sistemas distribuídos. Estes conceitos garantem que os sistemas podem continuar a funcionar apesar de falhas ou erros, proporcionando resiliência e fiabilidade. Aqui está uma visão geral dos mecanismos de tolerância a falhas e das estratégias de recuperação normalmente utilizadas em sistemas distribuídos:

Mecanismos de tolerância a falhas

1. **Redundância**

- **Descrição:** A redundância envolve a duplicação de componentes, dados ou processos críticos dentro do sistema para garantir que, se um falhar, outro pode assumir o controlo sem problemas.
- **Tipos:**
    - **Redundância de hardware:** Utilização de componentes de hardware redundantes (por exemplo, matrizes RAID, componentes de troca a quente) para minimizar o impacto das falhas de hardware.
    - **Redundância de software:** Executar várias instâncias de componentes de software (por exemplo, conjuntos de réplicas, balanceadores de carga) para lidar com falhas.

2. **Replicação**

- **Descrição:** A replicação envolve a criação e manutenção de cópias de dados ou serviços em vários nós do sistema.
- **Tipos:**
    - **Replicação ativa:** Todas as cópias de dados ou serviços são actualizadas de forma síncrona ou assíncrona para manter a consistência.
    - **Replicação passiva:** Uma cópia primária trata das actualizações e as outras actuam como réplicas em espera, actualizando de forma assíncrona.

3. **Deteção e tratamento de erros**

- **Descrição:** Mecanismos de deteção de erros, falhas ou anomalias no sistema e implementação de respostas adequadas.
- **Técnicas:**
    - **Mecanismos de pulsação:** Verificar regularmente o estado dos componentes para detetar falhas (por exemplo, heartbeats entre nós de um cluster).
    - **Temporizadores Watchdog:** Mecanismos de tempo limite que

desencadeiam acções se os eventos ou respostas esperados não ocorrerem dentro de um período de tempo especificado.

4. **Mascaramento de falhas**

- **Descrição:** Técnicas para garantir que as falhas ou defeitos não conduzam a perturbações em todo o sistema.
- **Exemplos:**
  - **Balanceamento de carga:** Distribuir os pedidos de entrada por vários servidores para evitar sobrecarga e tratar as falhas de forma graciosa.
  - **Mecanismos de failover:** Redireccionamento automático do tráfego ou da carga de trabalho para componentes redundantes quando ocorrem falhas.

5. **Blocos de recuperação**

- **Descrição:** Conceção de componentes ou subsistemas de modo a permitir-lhes recuperar de falhas de forma autónoma ou com uma intervenção externa mínima.
- **Técnicas:**
  - **Checkpointing:** Guardar periodicamente o estado de um processo ou transação para facilitar o rollback e a recuperação após uma falha.
  - **Registos de transacções:** Registo de todas as alterações efectuadas por uma transação para permitir a recuperação para um estado consistente em caso de falha.

Estratégias de recuperação

1. **Ponto de controlo e reversão**

- **Descrição:** Guardar periodicamente o estado atual de um processo ou transação (ponto de controlo) e utilizar esta informação para voltar a um estado consistente após uma falha.
- **Casos de utilização:** Sistemas de gestão de bases de dados, transacções de longa duração.

2. **Reconfiguração e reinicialização**

- **Descrição:** Reconfigurar automática ou manualmente componentes ou reiniciar processos falhados para restaurar a funcionalidade.
- **Casos de utilização:** Clusters de servidores, instâncias de máquinas virtuais.

3. **Replicação e ressincronização**

- **Descrição:** Utilizar cópias redundantes de dados ou serviços para retomar as operações a partir do último estado consistente.
- **Casos de utilização:** Bases de dados distribuídas, sincronização de dados.

4. **Failover e balanceamento de carga**

- **Descrição:** Redirecionar automaticamente o tráfego ou a carga de trabalho de um componente com falha para componentes redundantes ou em espera.
- **Casos de utilização:** Servidores Web, clusters de aplicações.

5. **Controlos de consistência e auto-cura**

- **Descrição:** Executar verificações de integridade e acções de recuperação automatizadas para manter a consistência dos dados e a integridade do sistema.
- **Casos de utilização:** Sistemas de ficheiros, armazenamento distribuído.

Desafios e considerações

- **Complexidade:** A implementação de mecanismos de tolerância a falhas aumenta a complexidade da conceção e manutenção do sistema.
- **Sobrecarga de desempenho:** A redundância e a replicação podem implicar uma utilização adicional de recursos e um custo excessivo de comunicação.
- **Consistência vs. Disponibilidade:** Equilibrar os compromissos entre garantir a consistência dos dados e manter a disponibilidade do sistema durante as falhas.

Os mecanismos de tolerância a falhas e de recuperação são essenciais para garantir a resiliência e a fiabilidade dos sistemas distribuídos. Ao implementar estratégias de redundância, replicação, deteção de erros e recuperação, os projectistas de sistemas podem minimizar o impacto das falhas e garantir o funcionamento contínuo, mesmo perante falhas de hardware, erros de software ou problemas de rede. Compreender estes mecanismos e escolher as estratégias adequadas são passos cruciais na construção de sistemas distribuídos robustos capazes de satisfazer os requisitos de desempenho, disponibilidade e fiabilidade.

3.5Sistemas de ficheiros distribuídos (HDFS, NFS)

Os sistemas de ficheiros distribuídos (DFS) foram concebidos para gerir grandes quantidades de dados em vários dispositivos de armazenamento e servidores, proporcionando uma elevada disponibilidade, escalabilidade e tolerância a falhas. Aqui, vamos explorar dois sistemas de ficheiros distribuídos proeminentes: Hadoop Distributed File System (HDFS) e Network File System (NFS).

Sistema de ficheiros distribuídos Hadoop (HDFS)

Descrição:

- **Objetivo:** O HDFS é um sistema de ficheiros distribuído, escalável e portátil, concebido para armazenar e processar grandes conjuntos de dados associados à estrutura Apache Hadoop.
- **Arquitetura:** O HDFS segue uma arquitetura mestre-escravo com os seguintes componentes principais:
    - **NameNode:** Gere o espaço de nomes do sistema de ficheiros, regula o acesso aos ficheiros pelos clientes e mantém os metadados (por exemplo, árvore de diretórios de ficheiros, permissões de ficheiros).
    - **DataNodes:** Armazenam blocos de dados reais e servem pedidos de leitura/escrita de clientes. Comunicam o seu estado e capacidade de armazenamento ao NameNode.

Caraterísticas:

- **Tolerância a falhas:** O HDFS replica blocos de dados em vários DataNodes (normalmente três cópias por padrão) para garantir a disponibilidade dos dados mesmo se alguns nós falharem.
- **Escalabilidade:** Escala horizontalmente, adicionando mais DataNodes ao

cluster, acomodando requisitos crescentes de armazenamento e processamento de dados.

- **Acesso a dados em fluxo contínuo:** Optimizado para padrões de acesso a dados em fluxo contínuo em vez de acesso aleatório, tornando-o adequado para estruturas de processamento em lote como o Apache MapReduce.
- **Integridade dos dados:** Utiliza somas de verificação para verificar a integridade dos dados durante o armazenamento e a transferência.

Casos de utilização:

- **Processamento de Big Data:** Armazenamento e processamento de grandes conjuntos de dados em paralelo num cluster Hadoop.
- **Análise e armazenamento de dados:** Efetuar análises de dados e gerar conhecimentos a partir de conjuntos de dados maciços.

Vantagens:

- **Alto rendimento:** Optimizado para acesso sequencial a dados, tornando-o eficiente para o processamento de dados em grande escala.
- **Tolerância a falhas:** Replica os blocos de dados para evitar a perda de dados devido a falhas nos nós.
- **Integração com o ecossistema:** Integra-se perfeitamente com outros componentes do ecossistema Apache Hadoop, como Hive, Pig e Spark.

Desvantagens:

- **Não é adequado para acesso de baixa latência:** Concebido para o processamento em lote e não para o acesso interativo ou em tempo real aos dados.
- **Configuração complexa:** Requer compreensão dos conceitos de computação distribuída e configuração para um desempenho ótimo.

Sistema de ficheiros em rede (NFS)

Descrição:

- **Objetivo:** O NFS é um protocolo de sistema de ficheiros distribuído que permite a um utilizador de um computador cliente aceder a ficheiros através de uma rede como se estivessem armazenados localmente.

- **Arquitetura:** O NFS funciona num modelo cliente-servidor em que:
  - **Servidor NFS:** Aloja ficheiros e diretórios partilhados que podem ser acedidos por clientes NFS.
  - **Cliente NFS:** Monta diretórios do servidor NFS e acessa arquivos como se fossem locais.

Caraterísticas:

- **Acesso transparente:** Fornece acesso transparente a ficheiros e diretórios em sistemas heterogéneos (por exemplo, Unix, Linux, Windows).
- **Armazenamento** em **cache:** Suporta mecanismos de armazenamento em cache para melhorar o desempenho, reduzindo a sobrecarga da rede.
- **Escalabilidade:** Suporta escalonamento adicionando mais servidores NFS para lidar com o aumento da demanda de acesso a arquivos.
- **Segurança:** Suporta mecanismos de autenticação (por exemplo, Kerberos) para proteger o acesso aos ficheiros e a integridade dos dados.

Casos de utilização:

- **Partilha de ficheiros:** Partilha de ficheiros e diretórios entre vários utilizadores e sistemas numa rede.
- **Armazenamento centralizado:** Armazenamento e acesso a dados partilhados em ambientes informáticos distribuídos.

Vantagens:

- **Interoperabilidade:** Funciona em diversos sistemas operativos e ambientes de rede.
- **Facilidade de uso:** Fornece uma semântica familiar do sistema de ficheiros, facilitando a integração com aplicações e fluxos de trabalho existentes.
- **Gestão centralizada:** Centraliza o armazenamento e a gestão de ficheiros, simplificando as tarefas de administração.

Desvantagens:

- **Sobrecarga de desempenho:** Pode sofrer degradação de desempenho com redes de alta latência ou transferências de dados em grande escala.
- **Ponto único de falha:** O servidor NFS pode se tornar um ponto único de falha se não for configurado corretamente para alta disponibilidade.
- **Escalabilidade limitada:** O escalonamento do NFS pode ser um desafio em ambientes grandes e geograficamente dispersos em comparação com os sistemas de arquivos distribuídos mais recentes.

Comparação

Escalabilidade:

- **HDFS:** Altamente escalável, concebido para tratar petabytes de dados em grandes clusters, adicionando mais DataNodes.
- **NFS:** escalável até certo ponto, adicionando mais servidores NFS, mas pode enfrentar limitações em implantações de grande escala.

Caso de utilização em foco:

- **HDFS:** Optimizado para processamento de grandes volumes de dados, análise em lote e armazenamento de grandes conjuntos de dados utilizados em aplicações baseadas em Hadoop.
- **NFS:** Utilizado principalmente para partilha de ficheiros e armazenamento centralizado de ficheiros em ambientes de rede.

Desempenho:

- **HDFS:** Alto rendimento para padrões de acesso a dados sequenciais utilizados no processamento em lote e na análise.
- **NFS:** Menor latência para operações de menor escala e acesso a ficheiros em comparação com o HDFS, adequado para partilha de ficheiros para fins gerais.

Tolerância a falhas:

- **HDFS:** tolerância a falhas incorporada através da replicação de dados em vários nós, garantindo a disponibilidade e a resiliência dos dados.

- **NFS:** depende da redundância do servidor e de mecanismos de tolerância a falhas no nível da rede para garantir a disponibilidade.

O HDFS e o NFS são sistemas de ficheiros distribuídos poderosos que servem diferentes objectivos e ambientes. O HDFS é excelente para lidar com tarefas de processamento e análise de dados em grande escala em ecossistemas Hadoop, fornecendo alta taxa de transferência e tolerância a falhas. Por outro lado, o NFS oferece acesso transparente a ficheiros em sistemas heterogéneos, facilitando a partilha de ficheiros e o armazenamento centralizado em ambientes de rede. A escolha entre HDFS e NFS depende de requisitos específicos, como escalabilidade, necessidades de desempenho e integração com a infraestrutura e as aplicações existentes.

Referências:

Livro:

11. "Operating System Concepts" de Abraham Silberschatz, Peter B. Galvin e Greg Gagne
12. "Modern Operating Systems" de Andrew S. Tanenbaum e Herbert Bos
13. "Sistemas Operativos: Three Easy Pieces" por Remzi H. Arpaci-Dusseau e Andrea C. Arpaci-Dusseau
14. "Sistemas Operativos: Internos e Princípios de Conceção" de William Stallings
15. "Linux Kernel Development" por Robert Love

Sítio Web:

11. Arquivos do kernel Linux
12. Microsoft Docs: Aspectos internos do sistema operativo Windows
13. O Grupo Aberto: Especificações UNIX
14. Projeto GNU
15. Biblioteca digital da ACM

Capítulo:4 Sistemas operativos em tempo real

4.1 Caraterísticas dos sistemas de tempo real

Os sistemas de tempo real são sistemas de computação especializados concebidos para dar respostas determinísticas a eventos externos dentro de restrições temporais rigorosas. Estes sistemas são cruciais em aplicações em que a execução atempada e previsível é fundamental. Eis as principais caraterísticas dos sistemas em tempo real:

Caraterísticas dos sistemas de tempo real

1. **Determinismo:**
   - Os sistemas em tempo real devem apresentar um comportamento determinístico, em que o tempo de resposta do sistema é previsível e consistente. Isto garante que os prazos são cumpridos de forma fiável.
   - **Exemplo:** Num sistema de controlo automóvel, o tempo necessário para aplicar os travões após a deteção de um obstáculo deve ser consistente para garantir um funcionamento seguro.
2. **Restrições de tempo:**
   - Os sistemas em tempo real funcionam com restrições de tempo rigorosas, definidas por prazos para a conclusão de tarefas. Estas restrições podem ser rígidas (absolutas) ou flexíveis (flexíveis), consoante os requisitos da aplicação.
   - **Exemplo:** Um sistema de tempo real suave para transmissão de multimédia pode tolerar atrasos ocasionais, enquanto um sistema de tempo real rígido em dispositivos médicos tem de responder dentro de limites de tempo rigorosos para garantir a segurança dos doentes.
3. **Concorrência:**
   - Os sistemas em tempo real envolvem frequentemente a execução simultânea de várias tarefas ou processos que têm de sincronizar e coordenar as suas actividades para cumprir os requisitos de tempo.
   - **Exemplo:** Um sistema de controlo robótico pode ter várias tarefas a decorrer em simultâneo, como o processamento de dados de sensores, o controlo de movimentos e os circuitos de feedback.

4. **Gestão de recursos:**
    - A gestão eficiente de recursos é crucial em sistemas de tempo real para atribuir o tempo de CPU, memória e outros recursos de forma optimizada, assegurando que as tarefas críticas cumprem os seus prazos.
    - **Exemplo:** Os algoritmos de programação de recursos, como o Rate Monotonic Scheduling (RMS) ou o Earliest Deadline First (EDF), são utilizados para dar prioridade às tarefas com base nos seus prazos.
5. **Tolerância a falhas:**
    - Os sistemas em tempo real exigem frequentemente mecanismos integrados de deteção, isolamento e recuperação de falhas para manter um funcionamento fiável na presença de falhas de hardware ou erros de software.
    - **Exemplo:** Os sensores e controladores redundantes nos sistemas aeroespaciais asseguram que as funções críticas podem continuar mesmo que um componente falhe.
6. **Funcionamento contínuo:**
    - Muitos sistemas em tempo real funcionam continuamente sem interrupção, exigindo robustez e resiliência para lidar com períodos prolongados de funcionamento sem degradação do desempenho.
    - **Exemplo:** Os sistemas de controlo industrial nas fábricas devem funcionar continuamente para manter a eficiência e a segurança da produção.
7. **Segurança e fiabilidade:**
    - Os sistemas em tempo real dão prioridade às operações críticas para a segurança e à fiabilidade, assegurando que respostas incorrectas ou atrasadas não resultem em perigos ou falhas do sistema.
    - **Exemplo:** Os dispositivos médicos devem fornecer, de forma fiável e sem erros, as doses corretas de medicação ou terapia em resposta às condições do doente.
8. **Tempo de resposta:**
    - Os sistemas em tempo real são avaliados com base no seu tempo de resposta, que mede o atraso entre a ocorrência de um evento e a resposta do sistema a esse evento.
    - **Exemplo:** Um sistema de negociação financeira em tempo real deve

executar transacções em milissegundos para capitalizar as oportunidades de mercado.

Os sistemas em tempo real caracterizam-se pelo seu comportamento determinístico, restrições de tempo rigorosas, concorrência e gestão robusta de recursos. Estes sistemas desempenham papéis críticos em diversos domínios, como o aeroespacial, o automóvel, os cuidados de saúde, a automação industrial e o processamento multimédia, em que o desempenho atempado e fiável é essencial para o sucesso e a segurança operacionais. Compreender estas caraterísticas é fundamental para conceber, implementar e gerir sistemas em tempo real para satisfazer eficazmente os requisitos de aplicações específicas.

4.2Programação em sistemas de tempo real

O agendamento em sistemas de tempo real é um aspeto crucial que garante que as tarefas são executadas dentro das suas restrições de tempo para cumprir os prazos e manter a previsibilidade do sistema. Os algoritmos de programação em tempo real visam otimizar a utilização dos recursos, garantindo simultaneamente a execução atempada das tarefas. Aqui está uma visão geral do agendamento em sistemas de tempo real, incluindo os principais algoritmos e considerações:

Conceitos-chave na programação em tempo real

1. **TaskCharacteristics:**
   - **Periodicidade:** As tarefas podem ser periódicas (repetem-se a intervalos fixos) ou aperiódicas (surgem em resposta a acontecimentos externos).
   - **Prazo:** Cada tarefa tem um prazo para concluir a sua execução, a fim de evitar violar as restrições de tempo.
   - **Criticidade:** As tarefas podem ter diferentes níveis de importância ou criticidade, afectando as prioridades de programação.
2. **Restrições de tempo:**
   - **Hard Real-Time:** As tarefas têm prazos rigorosos que devem ser cumpridos. O incumprimento de um prazo pode levar à falha do sistema.
   - **Soft Real-Time:** As tarefas têm prazos que, se ocasionalmente não forem cumpridos, não resultam em falha do sistema, mas podem degradar o desempenho.

3. **Políticas de programação:**
    - **Programação preventiva:** As tarefas podem ser interrompidas (antecipadas) para permitir a execução de tarefas de prioridade mais elevada, garantindo uma resposta atempada.
    - **Programação não preemptiva:** As tarefas são executadas até à sua conclusão sem interrupção depois de iniciadas, o que simplifica a programação, mas pode levar à perda de prazos.

Algoritmos de programação em tempo real

1. **Programação monotónica da taxa (RMS):**
    - **Princípio:** Atribuir prioridades com base nos períodos das tarefas; períodos mais curtos implicam prioridades mais elevadas. As tarefas com períodos mais curtos são programadas com maior frequência.
    - **Vantagens:** Simples de implementar, ótimo sob certas condições, eficaz para tarefas periódicas com períodos conhecidos.
    - **Limitações:** Pode não ser ideal para tarefas esporádicas ou aperiódicas. Requer uma estimativa exacta dos períodos de tarefa.
2. **Prazo mais curto primeiro (EDF):**
    - **Princípio:** Atribuir prioridades com base nos prazos das tarefas; às tarefas com prazos mais curtos é atribuída uma prioridade mais elevada.
    - **Vantagens:** Ótimo para minimizar o número de prazos não cumpridos sob certas condições. Lida bem com tarefas periódicas e aperiódicas.
    - **Limitações:** Implementação mais complexa do que o RMS. Pode levar a uma maior sobrecarga de programação devido às frequentes alterações de prioridade.
3. **Programação monotónica de prazos (DMS):**
    - **Princípio:** semelhante ao RMS, mas atribui prioridades baseadas diretamente nos prazos das tarefas e não nos períodos.
    - **Vantagens:** Simples como o RMS, mas mais eficaz para tarefas com tempos de execução e prazos variáveis.
    - **Limitações:** Requer uma estimativa exacta dos prazos. Na prática, não é tão utilizado como o RMS ou o EDF.

4. **Menos frouxidão primeiro (LLF):**
   - o **Princípio:** Prioriza as tarefas com base na sua frouxidão, em que a frouxidão é a diferença entre o prazo e o tempo de execução restante.
   - o **Vantagens:** Tem em conta tanto a urgência (proximidade do prazo) como os requisitos de execução (tempo restante).
   - o **Limitações:** Complexo de implementar. Pode não ser adequado para sistemas com altas taxas de chegada de tarefas ou prioridades dinâmicas.

Considerações sobre a programação em tempo real

- **Utilização de recursos:** Maximizar a utilização da CPU e de outros recursos, assegurando que as tarefas cumprem os seus prazos.
- **Controlo da admissão de tarefas:** Determinar se uma nova tarefa pode ser admitida sem violar as restrições de tempo das tarefas existentes.
- **Sobrecarga:** Minimizar a sobrecarga de programação, como a mudança de contexto e a inversão de prioridades, para manter a eficiência do sistema.
- **Programação dinâmica:** Adaptação dinâmica das decisões de programação com base nas condições de tempo de execução e na carga do sistema.

- **Tolerância a falhas:** Incorporação de mecanismos para tratar falhas e garantir a continuidade do funcionamento face a falhas.

A programação em tempo real nos sistemas é essencial para garantir que as tarefas cumprem os seus requisitos de tempo e para manter a previsibilidade e fiabilidade do sistema. Diferentes algoritmos de programação, como o RMS, o EDF, o DMS e o LLF, oferecem diferentes soluções de compromisso em termos de simplicidade, otimização e adequação a diferentes tipos de tarefas e ambientes de sistema. A conceção de estratégias eficazes de programação em tempo real implica compreender as caraterísticas das tarefas, as restrições de tempo e a seleção de algoritmos adequados para satisfazer eficazmente os requisitos específicos das aplicações.

4.3 Comunicação e sincronização em tempo real

A comunicação e a sincronização em tempo real são aspectos críticos da conceção e implementação de sistemas em tempo real, assegurando que a troca de dados e a coordenação entre tarefas ou componentes ocorrem dentro de restrições de tempo rigorosas. Aqui está uma visão geral dos principais conceitos, desafios e técnicas envolvidos na comunicação e sincronização em tempo real:

Comunicação em tempo real

A comunicação em tempo real envolve a troca atempada de dados ou mensagens entre tarefas, processos ou dispositivos num sistema. Garante que a informação é entregue e processada dentro de prazos especificados para manter o desempenho e a fiabilidade do sistema. Os principais aspectos incluem:

1. **Requisitos de tempo:**
   - **Latência determinística:** As mensagens devem ser entregues e processadas dentro de limites de tempo previsíveis para cumprir os prazos das tarefas.
   - **Controlo de Jitter:** Minimização das variações nos tempos de chegada das mensagens para garantir um desempenho consistente.
2. **Paradigmas da comunicação:**
   - **Passagem de mensagens:** Comunicação direta entre tarefas ou processos através de filas de mensagens ou memória partilhada, frequentemente gerida por sistemas operativos em tempo real (RTOS).
   - **Publicar-Subscrever:** Comunicação assíncrona em que os editores enviam mensagens aos subscritores com base em tópicos ou eventos predefinidos.
3. **Protocolos e normas:**
   - **Ethernet em tempo real:** Protocolos como EtherCAT, PROFINET e Ethernet/IP optimizados para comunicação determinística em redes Ethernet.
   - **Sistemas de bus de campo:** Normas como CAN (Controller Area Network) para comunicação em tempo real em aplicações automóveis e industriais.
4. **Sincronização:**
   - **Sincronização do relógio:** Assegurar que os relógios de diferentes nós ou dispositivos estão sincronizados para registar com precisão os eventos e coordenar as acções.
   - **Sincronização de eventos:** Coordenar a ocorrência de eventos em tarefas ou sistemas distribuídos para manter a ordem temporal e a consistência.

Sincronização em tempo real

A sincronização em tempo real garante que as tarefas ou processos de um sistema coordenam as suas actividades para cumprir os requisitos de tempo e manter a integridade do sistema. Os principais aspectos incluem:

1. **Mutexes e Semáforos:**
   - **Mutexes:** Mecanismos de exclusão mútua para impedir o acesso simultâneo a recursos partilhados ou a secções críticas.
   - **Semáforos:** Semáforos de contagem ou binários utilizados para controlar o acesso a recursos partilhados e coordenar a execução de tarefas.
2. **Secções críticas:**
   - **Garantir a exclusão mútua:** Proteger secções críticas do código para impedir o acesso simultâneo de várias tarefas, garantindo a consistência e a integridade dos dados.
   - **Inversão de prioridades:** Técnicas para atenuar a inversão de prioridades em que as tarefas de prioridade mais baixa detêm recursos necessários a tarefas de prioridade mais elevada.
3. **Tratamento de interrupções:**
   - **Rotinas de serviço de interrupção (ISRs):** Tratamento imediato de eventos críticos em termos de tempo e de interrupções para garantir uma resposta atempada e uma latência mínima.
   - **Prioridades de interrupção:** Priorização de interrupções para gerenciar eventos simultâneos e garantir que tarefas críticas recebam atenção imediata.
4. **Sincronização de eventos:**
   - **Sinalizadores e sinais de eventos:** Mecanismos de sinalização para notificar tarefas ou processos da ocorrência de eventos, permitindo respostas sincronizadas.
   - **Sincronização de barreira:** Coordenação de tarefas para atingir um ponto de sincronização antes de prosseguir, garantindo uma execução ordenada.

Desafios na comunicação e sincronização em tempo real

- **Previsibilidade:** Garantir um comportamento determinístico e uma latência limitada nas operações de comunicação e sincronização.

- **Gestão de recursos:** Gerir eficazmente o tempo de CPU, a memória e a largura de banda da rede para cumprir as restrições de tempo.
- **Controlo de simultaneidade:** Prevenção de condições de corrida, impasse e inversão de prioridades para manter a fiabilidade do sistema.
- **Tolerância a falhas:** Tratamento de falhas de comunicação e garantia de uma degradação ou recuperação graciosa em caso de falhas na rede ou nos dispositivos.

A comunicação e a sincronização em tempo real são fundamentais para a conceção de sistemas em tempo real reactivos, fiáveis e previsíveis. Ao implementar paradigmas de comunicação apropriados, mecanismos de sincronização e aderir aos requisitos de temporização, os programadores podem garantir que as tarefas se coordenam eficazmente, que as trocas de dados ocorrem dentro dos limites de tempo esperados e que o desempenho do sistema cumpre as rigorosas restrições de tempo real. A compreensão destes conceitos e a utilização de técnicas adequadas são essenciais para a construção de sistemas robustos em tempo real em vários domínios, incluindo a automação industrial, os sistemas automóveis, a indústria aeroespacial e as telecomunicações.

Referências:

Livro:

16. "Operating System Concepts" de Abraham Silberschatz, Peter B. Galvin e Greg Gagne
17. "Modern Operating Systems" de Andrew S. Tanenbaum e Herbert Bos
18. "Sistemas Operativos: Three Easy Pieces" por Remzi H. Arpaci-Dusseau e Andrea C. Arpaci-Dusseau
19. "Sistemas Operativos: Internos e Princípios de Conceção" de William Stallings
20. "Linux Kernel Development" por Robert Love

Sítio Web:

16. Arquivos do kernel Linux

17. Microsoft Docs: Aspectos internos do sistema operativo Windows
18. O Grupo Aberto: Especificações UNIX
19. Projeto GNU
20. Biblioteca digital da ACM

MIX
Papier aus verantwortungsvollen Quellen
Paper from responsible sources
FSC® C105338

Printed by Books on Demand GmbH, Norderstedt / Germany